Fluir en Ausencia

Daisy Novoa Vásquez

Fluir en Ausencia

artepoética press

Nueva york, 2014

Title: Fluir en Ausencia
ISBN-10:1940075025
ISBN-13:978-1-940075-02-0
Design: © Ana Paola González
Cover: © Jhon Aguasaco
Author's photo by: © Anthony Abu
Editor: Carlos Aguasaco
E-mail: carlos@artepoetica.com
Mail: 38-38 215 Place, Bayside, NY 11361, USA.

A mi padre, a quien amaré siempre tanto.

Agradecimientos

A todos los que me han apoyado a seguir adelante con mi poesía
y a materializar la publicación de este libro, gracias.
Sobre todo a aquellas personas que han sido
como un viento alentador impulsando mi barca.
¡Ustedes saben quienes son!

Índice

Cosas ciertas

Es fácil olvidar los detalles
dejar que la memoria se pierda,
como una bocanada de aire que escapa,
como una marea borrando las huellas.

Fácil olvidar una voz, una risa;
tan difícil terminar la miseria…
Es como querer atrapar nuestras sombras
y adivinar cuándo la muerte nos cela.

La vida se esfuma deprisa
cuando se pierde a alguien amado,
y el paso de las lágrimas es lento,
—un vals amargo y macabro.

Tan difícil superar la muerte,
tratar de recordar la fresca sonrisa,
el brillo de unos ojos, una vida,
tratar de revivir cosas lejanas…

Que fácil quebrantar las reglas.
Que difícil edificar, ser benévolo.
Que fácil decir mentiras…
¡Que difícil encontrar cosas ciertas!

En Tránsito

Somos estrellas fugaces,
aves migratorias, espejismos…

Y nuestros pensamientos
son como un atlas
donde ubicamos
todo lo querido.

Transitorias las tierras,
las memorias,
nuestra euforia,
las raíces…

Nuestros cuerpos
y sus sombras.

…Transitorias
todas las palabras
que se dicen.

Mas somos
polvo estelar,
esencialmente divinos.
Inmortal entre lo mortal,
en tránsito continuo…

Post-Apocalipsis

Anocheceres
de fuegos circulares
queman el día

No descubro
otra cosa
que nidos de piedra

Todas mis ganas
gravitan
hacia la vida

Quiero ver
pequeñas mareas
desbordarse
en clorofila

REESTRUCTURACIÓN

Me vuelves rayo
buscando tierra
    y la partes…
—Intensidad feroz
que ciega e ilumina.

En zanjas cauterizadas
    crearemos vida.

En néctar se convierten
las palabras y el sudor;
    el alfabeto es sólo nuestro ahora.

Y mis poros
volcanes de feromonas embriagantes
    hablan lenguas extranjeras
      que nos revitalizan.

Te transformo en trueno
acariciando la atmósfera
    y la invades…
—Intensidad feroz
    que ensordece y alucina.

En el aire delirante
    cantaremos vida.

Los recuerdos y el tacto
se convierten en afrodisíaco.
Y la geometría se desliza
en nuestras manos...

Las formas de nuestros cuerpos
        reestructuran el espacio.

No estarás más aquí

Desperté escuchando llantos
y vi volar tu imagen en el aire…

En el profundo mar sepultado
está un poco de mi sangre.

Viajaste desde lejos hasta lo eterno
nos dejaste en esta vida solas…
Y será que llevo tu recuerdo
y es más intenso
con el paso de las horas.

Lloré y amargué mi alma entristecida
al saber que no estarás más aquí,
que yaces en el cielo escurridizo
…en mi memoria…
que te encontraré nuevamente
en el morir.

Arde el mal

¿No es acaso esta vida,
un *déjà vu*,
los errores y proezas
actos reciclados…?

¿Arde el mal
sobre el bien?

Un panal de abejas
se consume en llamas.

Proporcionalmente
todo es lo mismo.
Sólo más bocas que alimentar
y menos cinismo.

Una cabra
eructa dioses
en las montañas.

Suspiros blancos
caen de los cielos
en un suspiro…

Y nos damos cuenta
que todo es único,
irrepetible…

Tal vez parecido,
pero nunca igual.

La cabra entonces
se come
los copos de nieve blanca
y los dioses a la cabra.

Y la miel del panal
calma el fuego.

Bosques tropicales
se regeneran en clorofila.

Proporcionalmente
todo es lo mismo…
…Sólo sí lo permitimos.

BLUE VALENTINE

La vida se evapora.
Segundos, horas; nada alcanza…
Hay palabras que no caben en mi boca,
mil maremotos se mecen en mis ojos.
¡Siento fantasmas
tirando del papel
de las paredes de mi alma!
                    Blue Valentine…

Mírennos las manos

Has amanecido ya
y tus manos de maíz
continúan agotadas…

Es el preludio azul
          del alba
que te va atravesando.

Tu piel está curtida,
eso que aún no has llorado,
       luego vendrá
         el sudor del trabajo.

Innegable el sufrimiento,
       la impotencia,
y el vacío en el estómago;
      cada vez más grande.

Es injusto que sientas
que le has fallado a todos,
si te rompes la espalda trabajando;
y esos de "arriba" son unos avaros.
¡Al menos sabes que tus hijos
comen pan bien ganado!

Has amanecido ya,
y este mundo de injusticias
sigue girando…
¡Les pido por favor,
mírennos las manos!

Azul desencanto

Debajo de ríos que fluyen dorados,
nadando los peces van un cauce bordando,
con gracia discreta van las corrientes pintando
de un azul tibio, de un azul desencanto…

Atrás de su marcha en las profundas aguas dejando
sólo recuerdos de días pasados,
atrás infinitos amores y terribles engaños,
y a lo largo del cauce una historia pintando.

Quizás algún día en esas aguas de oro y zafiro,
en esas aguas de brocado infinito,
pueda regresar a contemplar lo que había sido,
y descubrir en el fondo la sonrisa de un niño…

En las aguas profundas de azul desencanto,
descubrir las estrellas del cielo brillando,
y en su reflejo espectacular el futuro contando,
a aquellos que quieran otra vez escucharlo…

Destilando miedo

Delante tuyo está mi cuerpo,
desnudo y expuesto,
sin pretensiones, ni arreglos;
desnudo más allá
de la piel y los huesos.
Como capullo etéreo,
las emociones transparentes,
los sentimientos.

Desarmada y vulnerable,
destilando miedo,
dispuesta a volar
en abismos inciertos…

Sin esperar tocar tierra,
sin elevarme a los cielos.

Como rayo de luz
atravesando la brisa;
delante tuyo
todos mis pensamientos.

También las memorias;
todos los deseos…

Donde los cielos son espejos

Hay cosas
que nos encuentran
a nosotros.
¿O nosotros
las encontramos a ellas?

Acaso vienen
ya de otras vidas,
de mundos paralelos,
donde los cielos son espejos.

El punto de balance
de mi cuerpo
está sobre mis labios,
pero tú
neciamente crees
que está entre mis piernas…

Te sujeto la mano
solamente
porque la música que suena
la he escuchado antes
y me aterra…

Y por si acaso:
En otros mundos,
—en otras vidas—
yo fui hombre
y tú doncella…

Alas negras de ceniza

Quemar las palabras
cuando salgan de tu boca
y en mis manos pulverizar
las alas de ceniza…

No dejarte decir nunca
aquellas cosas
que clausuraron mi corazón,
y que mi memoria jamás olvida.

Quiero volver el tiempo atrás
(aunque sea por un instante),
para componer el daño inmenso,
para tener nuevamente lo de antes…

Vivir en memoria
capturando sólo risas,
recordando los besos
y las palabras precisas.

Quemar todo el resto,
lo que ha lacerado mi vida,
pulverizar para siempre
alas negras de ceniza.

MELANCOLÍA

Catástrofes e inundaciones
en el alma…
      Melancolía; así la llaman.
Asfixia el suspiro del pecho
y te envuelve en mil batallas.
Nubla el resplandor de la vida,
      satura tu boca de vino
y de pichones moribundos el alma.
        Música triste
    perforando el silencio
        eternamente suena
en lo más profundo del cerebro…
    Baja por la espina;
helada, hermética, cínica…
      Melancolía, así la llaman.

QUEBRADA DEL OLVIDO

Soles decapitados...
Me esperan inviernos largos.
Y voy dejando atrás miles de kilómetros,
        kilómetros que se hacen en exceso amargos.

La curiosidad interviene, me cuestiona, se imagina:
"¿Conocerás acaso a tu *doppelgänger*
en esa nueva tierra?

 ¿Una mirada a tu mirada forastera
para quitarte así la vida?"

En el precipicio de la memoria
voy dejando
amigos, imágenes, lugares y placeres,
y en la orilla de nuevos amaneceres
buscando retazos de rostros y promesas.

Así me esperan,
        inviernos largos,
                arcoíris descuartizados.
Mientras en la quebrada del olvido
poco a poco van cayendo,
        (aunque no quiera)
trozos de un país querido.

QUEMAS Y EVAPORAS

Perdida en un laberinto de deseos
te he esperado toda una vida;
mi cuerpo entero
para nuestros cuerpos satisfacer,
y sólo cuando el calor
del sol se extinga,
descubriré la temperatura de tu piel…

Temperatura que subirá por mis tejidos
proyectando mariposas a mi alma,
que subirá
como un orgasmo efervescente
luego de ceder.
Temperatura que alucina…
Temperatura ardiente,
que quema y evapora.

Mis sentidos, mis sentido todos,
y los tuyos en explosión se expandirán,
rozando las paredes de mi alma
quemarás mis penas, todas,
apaciguarás las ganas locas,
evaporarás toda ansiedad.

ÚLTIMO SUSPIRO

Trozos…
pequeños fragmentos de vidrio roto.
Ecos en el silencio capturando gritos,
y tu mirada evadiendo la mía.
¡Pero no importa, jamás importará,
porque ya nada existe!

Jamás dedos de fuego
acariciarán tu rostro,
ni mis caderas
se juntarán suavemente a las tuyas…

Ahora,
que me siento como una pluma
que inevitablemente cae,
que me siento tan liviana y débil,
tal vez mi esencia se filtre
por el susurro de tu boca…

Tal vez me sientas, sí,
como frío que baja por tu cuerpo;
tal vez mi último suspiro
alcance a darte algún placer,
tal vez mi última memoria
ya no sea tu sonrisa.

Nueva vida

Pasó la brisa,
árboles silenciosos
abrigan aves.

Mis ojos,
hamacas
que se mecen
en la claridad del día,
descubren
nueva vida
entre las ramas.

¿Cómo fue perderte?

¿Cómo fue perderte?
Todavía no lo entiendo,
hay cosas en la vida
que a pesar de sentirse
     en lo más profundo,
más allá de la médula
de los huesos,
     parecen mentira;
     parecen un cuento.

Te puedo decir
que en algún momento
sentí como si me anclaran;
hay un peso inmenso que me hunde
desde el día que te fuiste;
es como si me jalaran
desde el centro de mi alma.

Es terrible incertidumbre,
una mezcla de tristeza
y soledad.

A veces descubro destellos de ti en otros,
ojos, sonrisas, miradas, bocas parecidas…
Una vez crucé una calle pues había alguien
igualito a ti,

y en mi afán de reencontrarte
llegué a pensar que a lo mejor seguías por aquí,
que todo lo ocurrido fue mentira.

En mi mente fantasiosa
muchas veces pienso
que aún sigues con vida.

Te puedo decir
que en algún momento sentí
que el monstruo invisible del destino
vino con fuerza demoledora,
a pisotearlo, a machacarlo todo
y en su rito egoísta
estropeó por completo mi compás.

¿Cómo fue perderte?...

      Lo que pasa,

        es que no te he perdido...

UNA INFIEL CANCIÓN

Derramaste cera en el axón de mi neurona
cuando tu iris tibio y azul
lanzó una mirada ponzoñosa
a una infiel canción…

En mi valija oscura pondré
mis zapatos sin par,
y me marcharé tan lejos
que jamás me podrás encontrar.

Y cuando tu pupila abyecta,
y con horror me busque:
¡Ya no estaré!
Profesor de la Mentira
por alguien bueno
te dejé.

Impredecible como imprevisible

Impredecible como un suspiro,
como un relámpago que cae del cielo,
como fuego que devora los bosques…
Impredecible como la mezcla
de dos colores con tus lágrimas,
como los números de la lotería,
imprevisible como una bala.

Como la lluvia en abril y mayo,
y como cuando la tierra tiembla sin reparo,
imprevisible como la mirada de un ciego,
como los huracanes que se avecinan;
como el silencio.

Impredecible como el vuelo de una cigarra,
como los amores que encontrarás en la vida,
impredecible como la aparición de un santo,
como el cáncer en alguien sano.

Impredecible como los celos del amante,
imprevisible como la inflación en esta economía,
impredecible como una larga y nueva melodía.

Impredecible como un animal salvaje,
como una estrella fugaz en una noche octagonal.

Impredecible como imprevisible…

ALQUIMIA ENTRE DOS

Tu mente
capullo de ideas,
de ingenio y belleza todas,
de revoluciones eternas…

Mis manos
construyen
y acarician las ganas,
son herramientas perennes,
templos del alma…

¿Qué ven los otros
cuando nos miran?
Acaso sólo el color de nuestra piel
y el iris alrededor de las pupilas.

Jamás vieron los fuegos eternos
una amalgama de plata y cobre
arder con tan preciado cuidado,
jamás convertirse en oro y platino
como tú y yo lo hemos logrado.

TE IRÁS MUY LEJOS

Me besas en los labios
y te quiero;
me besas en los labios
tan ligeros,
e inefable es el sentimiento
cuando dices
que te irás muy lejos...

Y luego
me besas en los ojos tristes
para contener todas mis lágrimas,
y al tocar mis parpados sensibles
te robas ya del todo mi mirada...

En los vértices de los atlas te perderás
y yo te buscaré en mis versos,
recordando el latido de tu boca,
que en mi boca hace rato
quedó preso.

Y poco a poco
desaparecerán las cosas de nuestro mundo,
poco a poco para ti
todo será nuevo.
¡Y yo seguiré recordando el roce de tu mano
en mi triste y delirante pecho!

MORIR SOÑANDO

Un delirio invade mi lengua
—déjame cerrar los ojos…—
Sucumbir inerme
ante este néctar
que perfuma mis abrojos.

En un cilindro de cristal
atrapada está la vía láctea,
 —mezclada con zumo del edén
se convierte en dulce trampa—.

Bajando por mi cuerpo va,
y agonizo ante esta sobredosis
que hipnotiza el paladar
y acurruca mis pasiones.

El goce es pleno ya,
en mis retinas
se dibujan fábulas,
mi última sensación
es de éxtasis,
cítricos y caña.

Pétalos de azahares
y polen silente
estallan en mi mente…

Con cada sorbo
de esta ambrosía
me espera el sueño
de otra muerte.

CRÓNICAMENTE INSATISFECHA

Nunca poder estar completa,
siempre buscando algo o a alguien,
crónicamente insatisfecha...
Perpetuamente condenada
a no ser feliz con nadie.

Busco en mi propia sombra luz,
busco en tu sonrisa aire,
busco en la herida de mi pecho
los rastros de nuestra sangre.

Pero no eres tú quien no me llena,
es el tiempo en el que fluye mi alma,
creando abismos que trato de cubrir
desesperadamente,
pero no me alcanzan las fuerzas,
no me alcanzan...

Tampoco me alcanzan los besos,
ni me alcanzarán las copas de vino...
(¡Estoy pensando constantemente
y me atormento en mi delirio!)

Y sé que tampoco me bastarán
las palabras dulces
que todavía no he oído,

ni los lugares que no he visitado,
ni los cuerpos que no he sentido...

Mi sentimiento es quizá anacrónico
a los amores que me ha dado la vida,
arrítmico e inconstante siempre...
¿Por qué será que no me conformo
con lo que me han regalado los días?

Crónicamente insatisfecha...
Siempre pensando
en lo que hubiese sido...

AJEDREZ SOBRE NUESTRAS CABEZAS

Está jugando ajedrez
sobre nuestras cabezas,
le veo mover las piezas,
y nosotros en constante limbo
sin saber lo que nos espera.
                    …Jaque Mate.

Mientras la noche moría

Tú no lloraste
como lloré yo
toda la noche
teniendo que aguantar
un gran dolor,
uno de esos
que te perfora el alma,
y te destroza los ojos,
la boca,
el mismo llanto
y todo el corazón…

Tú no lloraste
como lloré yo,
entrada la noche…

Tú no sufres como a veces
lo hago yo,
porque a nosotras las mujeres
varias veces
nos toca callarlo todo,
y nos toca lo peor…

Tú no lloraste,
como lloré yo,
mientras la noche moría…

Quizá una esfinge solitaria

Mi tristeza no desprende
gotas de lluvia,
ni eclipsa siluetas
de parpados desnudos.

Mi tristeza es más bien
como un silencio
largo tuyo.

Es burbuja
que revienta
en una tarde inmensa,
es pluma huérfana
navegando
con el viento.

Mi tristeza asimismo
es inventora
de mundos paralelos,
es quizá una esfinge solitaria
al otro lado del espejo…

En el campo

Sentir el sudor, ola oportuna,
aura húmeda.
Ser una con la tierra,
florecer mil pensamientos
      entre girasoles
           de primavera.

Nos atas

¡Nos atas, ay cómo nos atas!
Y nos vuelves tus esclavas,
y me pides que no siga,
que no rece, que no implore,
que no le cuente a nadie,
de este pacto con el diablo,
de esta promesa de terror.

¡Ay y la codicia nos engaña,
nos alimenta, nos maltrata,
y la ambición nos descontrola,
nos convierte en poca cosa!
¡Y el dinero nos soborna,
nos lleva hacia la horca!
¡Y nos atas, ay cómo nos atas,
y nos vuelves gente ingrata!

¡Y me tienes sentenciada,
y nos atormentas y amenazas,
nos atas, ay cómo nos atas
a tus mentiras, a tus venganzas!

Y me prohíbes que yo luche,
que le mencione a alguien
de esta vida de tristezas,
de los pecados y el dolor...

Muerte y memoria

Desplomaré las paredes del inconsciente,
recordaré vivamente cada historia,
lograré retener tu sonrisa
y sentir tu aroma dulce
aunque nos separen la muerte
y otras cosas.

Recordaré la calma de tu invisible alma,
y el tono preciso de tu piel,
la forma de decir lo que pensabas,
y tu acento con clara nitidez.

Nadie sabe cuánto te extraño
¿quién sabrá este dolor cómo es?
Sin ti ya nada es lo mismo…
¿Y todo lo que queríamos hacer?

La muerte es trágica y terrible
te arrebata los sueños y la paz,
las personas que uno ama…

¡Ah, si uno pudiera
contra la muerte primero,
y luego
contra la mala memoria
luchar!

Mi siguiente paso

Lo dejé todo
y fui por ti
a morir a la distancia,
en completa soledad.

Por ti,
morir mil veces
sin que nadie sepa mi nombre,
sin que nadie conozca mi rostro…

Dejando atrás todos los *adioses*
y todos los *te quiero*
para aventurarme a un silencio eterno.

Dejarlo todo atrás
con el afán de estrechar tus brazos,
y en el camino darme cuenta
que la muerte
era mi siguiente paso.

PALABRAS

Palabras.—
Ya están de sobra,
tristes, feas,
sin sentido, inciertas…

Y me pides a mí decírtelas…

Yo, la que menos debe,
—temo herirte —.
¡Amor a ciegas!

Palabras:
Amor eterno,
pasión
e histeria…

En carmín

Algún día te tendré
y será por fin…

En aceras,
en corrientes,
en carmín.

Busco todo…
Te busco a ti,
te encuentro cerca,
¿estás aquí?

En aceras,
sigo a paso apresurado
tu cuerpo que no descansa.

En corrientes,
lavo mi sangre…
¡Quiero sentir!

En carmín,
pinto mis cuadros,
marco tus labios…

¡Déjame huir!

BENEDETTI

Brotan de mí las palabras
y los sentimientos,
y no me doy cuenta
que alguien los había vivido
y saboreado mucho antes,
y yo sólo después…

Y de repente la memoria me cuestiona:
"¿Coito único?"…
…Es Benedetti que me quiere amar,
que me está amando;
volviendo del inconsciente…

Me ha amado con su poesía
desde que he sido una niña,
ahora una "hembra repentina",
una anciana también…

Tenía razón…
—Todo es un instante —.
Ahora recuerdo cuando moldeó
cimientos en mi alma
para la poesía y la prosa,
y como ahí también esculpió
las ganas de la carne loca…

La carne
que ahora
es sólo memoria…

ATAQUE

Tus pupilas penumbras de rabia
no conocen el gozo del día;
tú deambulas perpetuamente en las sombras
de tu resentimiento, amargura y envidia…

¿Cuánta violencia alberga tu alma?
Esa alma que algún día fue pura…
Miras al mundo con odio y alzas tus manos
y nos invades a todos con tus mentiras.

¿Qué te hice yo
que simplemente me crucé en tu camino?
¿Por qué descargaste tu frustración en mi risa?
Eres tú quien contamina la calma
de todos aquellos que vamos sin prisa.

Siento dolor todavía en el rostro
por los golpes de tus manos de acero,
sin embargo mi dolor será pasajero
pero el tuyo, el que lleva tu alma,
es terriblemente voraz…
…Es un agujero negro…

Lo que quieras que sea

Yo soy lo que tú quieres que sea,
soy la tierra, soy la greda,
las cenizas y el viento,
lo que tu piel me pida.

Si sangre quieres que sea
y que dentro de tus venas fluya,
abandonaré mi cuerpo
para viajar
por el torrente de tu locura.

Yo soy lo que tú quieres que sea,
soy el aire, soy el agua,
soy la muerte y la vida,
soy lo que tu piel me pida.

Si un ángel quieres que sea
y que te cuide al caer la noche,
si vino quieres que sea,
y te emborrache sin reproches…

Yo seré tu ángel de la guarda,
y el vino y el champán.
Seré la persona exacta,
la que te ame
como nadie más.

REGRESO A TI

No me puedo ir de ti,
dejar el círculo vicioso
de tus labios.
…Atrás los recuerdos
de tu sonrisa;
no me puedo ir…

Regreso a ti
como la fuerza de gravedad
regresa una moneda al suelo.

Mi mente te repite
como LP rayado
y sólo quedan
tus promesas…

Estás lejos,
al igual
que todos
tus pensamientos…

No me puedo ir de ti,
dejar el círculo vicioso
de tus ojos.

Atrás los recuerdos
de tu mirada;
no me puedo ir…

Regreso a ti
como las grandes olas
regresan a la orilla…

Quisiera dejar atrás
hasta las fibras
de tu ausencia…
¡Desvanecerte!

No me puedo ir de ti,
del recorrido
que hace mi mente
por tus rincones;
por todos esos sueños
que tuvimos…

¡No me puedo ir!

CAMBIO DE NOMBRE

¿Con qué nombre me has llamado?
Tu mirada ya no es igual.
¿Por qué cuando preguntas algo
 tus palabras no tienen
 la misma intensidad?

Ya no, ya no eres el mismo,
o ya no me recuerdas tal como soy.

¿Por qué finges dominio absoluto,
si cambiaste mi nombre
por el de otro amor?

ELLOS

Ellos estaban allí parados,
tristes con la mirada perdida,
con algo extraño en las manos
y la sonrisa pendiendo de un hilo.

Ellos, los enamorados y amantes
se veían tristes, sombríos,
y la palidez era constante
en sus labios muertos de frío.

Sus lágrimas —rocío irradiante —,
mancharon el rostro del chico,
y ella amargamente decía:
"Si te vas… me llevas contigo".

VERSIÓN EXTRAOFICIAL DE MIS SOMBRAS

Recorro la ciudad,
túneles oscuros me succionan,
veo miles de moléculas
escaparse de mi piel
y con la velocidad
dejo atrás mi alma.

Se pierden mis ojos en movimientos
de paredes que se derriten,
por mi cuerpo avanza
la vibración de un tiempo irreconocible.

En cables de alta tensión
un pájaro le canta
a la mitosis de mi ser,
he dejado de ser la misma
para convertirme
en la versión extraoficial
de mis sombras.

LAS ANSIAS DE MIS MENTIRAS

¿Por qué si tu amor no descansa
y tus besos me codician,
los rincones de ojos cerrados
miran más profundamente
las ansias de mis mentiras?

¿Por qué me amas, si sabes que miento?
Tu corazón terminará con heridas.
Abandóname ahora, huye a tiempo,
no vaya a ser que creas
que aún sigo con vida…

¡Ah, todo por vanas mentiras!
¿Tus manos son tuyas,
son tuyas o mías?

¿Olvidarás algún día
las palabras perfectas
que yo te decía?

CIUDAD COLONIAL

Mientras el tiempo teje
en los tejados
de la ciudad colonial
pequeños valles
de musgo y líquenes,
el sol con sus rayos
destiñe
los tapices rojos
de la catedral.

En silencio, los adoquines
recuerdan el canto
de la lluvia que al caer
creó ríos y lagos,
mientras el adobe seco
de una pared antigua
abre grietas
para respirar
más tranquila.

Sólo quedan ecos
de las palabras y las risas
que llenaron la atmósfera
durante el día,
pues el misterio de la noche

trae consigo todo reproche
al ruido que pueda despertar
de este sueño antiguo
a esta ciudad…

APETITOS LOCOS

Si sólo pudiera sentir
las pasiones bajas del instinto
y ser merecedora de besos
sin prolongarme hacia el paraíso…

Si pudiera hacer de mis ganas
los deleites más carnales…
Sin torturas de conciencia,
sin pensar en la vergüenza.

Yo te amaría por entero,
completamente a tus antojos,
sucumbiendo a la risa
de apetitos locos.

Recuerdo de un amante

Y es el gitano
que vi en ese circo,
con sus puñales blancos
y su mirada en mí…
¡Quemándome la sangre!

Su sonrisa maquiavélica
me hacía sentir
que éramos los únicos
que estábamos allí.
Todo él me embriagaba de placer…

Despacio tomó una daga blanca
y la incrustó en su pecho;
me hizo sentir un intenso dolor,
—mi corazón se quebró—.

Su sangre y la mía
realizaron un juramento,
nuestros labios se sellaron
durante un preciado tiempo.

Desde entonces pertenezco
al gitano de mirada hipnótica,
labios gruesos y excitantes…
¡Que limitan mis sentidos,
a ser su amante!

ESPEJO DE PALABRAS

¿Puedes reconocer
que *reconocer*
un palíndromo es?

Y que…
la ruta natural
por ambos lados
se lee igual.

Ser Tres
de izquierda a derecha
o de derecha a izquierda
lo mismos es…

Hoy le presto
un espejo de palabras
a mi rima.

NAVEGANDO EL TIEMPO

Vamos navegando el tiempo,
segundos, minutos pasan
y una parte en el reloj de arena
se queda vacía
así como en el alma.

Al cruzar medio océano
el tiempo con su premura
deposita lirios blancos
en nuestras coronas;
y el vértice de las memorias
no tiene fuerzas para anclar
todo lo que atesora.

Y por primera vez
nos damos cuenta
que los recuerdos del ayer
llevan más de diez años
macerándose en el olvido.

Y así como el cansancio
se cansa de cansar,
nuestra nave
de células y huesos,
se cansa de este viaje,
—incierto navegar—.

Navegar por este mar,
el tiempo,
una trampa
de estaciones…

Navegar
aún sabiendo
que de nuestro lado del reloj
no sólo se acaba la arena
sino también las ilusiones…

Si me dejas ir

Si me dejas ir
como agua entre las manos
te arrepentirás toda la vida,
sabré yo el frío que sentirás en el pecho
y el infierno que se abrirá a tus pies.

Si me dejas ir
no habrá consuelo
porque por ti yo todo lo haría,
y mañana o cualquier otro día
si me ves y no soy tuya
perderás la cabeza y la razón…

¡El corazón no podrás perderlo
porque yo ya lo tengo…
…pero si me dejas ir
te aseguro, de verdad,
preferirás no tenerlo!

CON MOTIVO

¿Cómo me puedo mezclar con tu esencia
si ya no somos amigos?
¿Cómo podré robarle a tu mirada
ese brillo infinito?

Todo se ha terminado de golpe
—nuestra amistad es un mito—.
Ya no volveré a platicarte al oído
con la esperanza de acercarme un poquito.

Te vas de mi lado para siempre,
mi dulce amante furtivo.
¿Dime quién calmará mis llantos
ahora que tienen motivo?

ME MULTIPLICO EN TI

Me multiplico en ti,
en la sombra que parpadea
tu mirada,
y soy proverbio
desbordándose
en la comisura de tus labios.

Cae el cielo gota a gota
mientras nos abrazamos;
suspiro de querubes,
azul trasparencia
de un milagro.

Me multiplico en ti,
en el mar en el que repites
mi nombre,
y soy libélula
proyectándose
en la iridiscencia de tu halo…

Me multiplico en ti,
en las memorias
que guardas de mi alma
y soy un templo
levantándose
con la caricia de tus manos.

Amar y morir a la distancia

Amar y morir a la distancia
a muchos nos toca ese destino,
como aves migratorias…
Memorias prestadas
de nosotros mismos.

Escuchamos noticias forasteras
con el corazón
palpitante bajo el pecho,
pero el alma viviendo lejos…

Nos convertimos
en plumas que se extrañan
de alas ya peladas;
alas que no vuelan,
que parecen de plomo
pero son tan ligeras…

Memorias
desintegrándose
en tierras nuevas.

Derramamos lágrimas
por los que no están
por los que se quedaron y se fueron.

Quién dejó a quién
es un misterio…

Sabemos que alguien
nos puede estar pensando
entre paredes
que un día nos abrigaron…
Ahora sólo nos quedan
recuerdos desteñidos.

Amar… Yo puedo amar
en cualquier latitud
y longitud geográfica.
¡Pero morir,
yo no quiero morir
a la distancia!

Luz

Veré pasar
fantasmas de sombra y de lluvia,
sabré decir como las estaciones
vienen y se van...
                como todo cambia.
En un grano de polen me refugiaré.
¿Has observado los colores?

La voz indagadora

Dentro de mi alma
hay una resaca naufragando
los rincones de esperanza.

Un golpe, una amnesia,
para olvidar el dolor,
para dejar que las memorias
se disipen como escarcha.

Todo era fácil
cuando niños;
ahora la voz indagadora
nunca calla.

(¿Por qué creer?
¿Cuánto tiempo habrá que esperar?
¿Dónde nos perdimos?)

RESPIRAR OTROS BESOS

Voy a permanecer en la distancia,
a matarte en mi memoria,
tú no sabes
lo difícil que es
amar a alguien
que quiere el amor de otra persona.

Necesito verme libre de ti,
por eso me esconderé en las sombras,
lejos de tu espíritu siempre;
hasta ahogarme en las angustia
de la soledad tan sola…

Sepultaré en otros mundos
esta caja de Pandora,
y las cenizas de este fuego
—hoguera de recuerdos—
nunca quedarán.

Voy a respirar otros besos, tantos…
Confundir los huesos y las huellas.
Jamás recordar las veces
que imaginé
conmigo ibas a estar.

VERANO EN EL CIELO

Vivirá conmigo esta visión:
una legión de paracaidistas
amantes de alturas
rindiéndose al salto,
mientras el horizonte se achica
bajo el sol del verano.

El viento vendrá en su trino
a estremecer cuerpos
y un baño frío de adrenalina
suspenderá latidos, sólo
por un momento.

Hongos flotantes de colores seremos,
compitiendo con la luz por llenar
el espacio en ese azul claro y constante
de miles y silenciosos cielos.

El verano sentiré en subida
aunque esté en descenso,
olores de pluma de ángel y ave
se mezclarán con la rapidez
de magnánimos pensamientos.

Caeré como flor de colores
entre remolinos de viento,
caeré tan rápido y tan despacio,
rindiéndome al salto,
rindiéndome al tiempo.

Nombres de tormentas

Me voy a quedar aquí quieta,
sintiéndome insignificante
como una araña
meciéndose en su hilo,
mientras el viento afuera
brama nombres de tormentas.

Suspendida en el espacio,
ignorando que hay casi
siete billones de personas
allí, afuera,
y cada vez menos agua
y cada vez menos tierra...

Descifrarme entera

Dulzura, en tus manos y en tus besos,
ternura, en tu cuerpo entero,
y cuando me miras con esos ojos
desnudas todas mis vidas pasadas
y me haces vulnerable a ti…

Olvido otros nombres y otros cuerpos,
y mis amores pasados,
y aquellos que todavía no fueron…
Sólo tú puedes abrazarme en esta vida,
tú, descifrarme entera.

Te recuerdo sí, con mil ropas diferentes,
en mil lugares diferentes,
bajo distintas lunas y aromas…
En calores irresistibles…
Con distintos nombres,
pero con los mismos cuerpos.

LOS HIJOS DE MIS TATARANIETOS

Un capricho
hacernos creer que somos significantes,
un capricho del tiempo
regalarnos segundos, memorias, recuerdos.
¿Sabrán acaso los hijos de mis tataranietos
cuál era mi nombre…?
¿Sabrán acaso alguno de mis sueños?

El rojo languidece en flor

Sin ti,
el silencio se magnifica
y lastima mis oídos.
Los tímpanos se revientan
al extrañar tu voz…
(Eco sublime
de finas tonalidades vivas).

Sin ti,
los colores no tienen brillo,
y el rojo languidece en flor…

Las construcciones se desmoronan,
los recuerdos se evaporan de mi sonrisa,
se secan cauces y ríos,
—sin ti—,
la azucena no tiene aroma,
y no tiene resplandor el sol…

Hay avalanchas
que lo destruyen todo,

sin ti,
tinieblas en mis ojos…
Sin ti,
caos y frío.
Sin ti,
sólo dolor…

ANTÍTESIS

Mi larga,
corta vida
y triste,
alegre
e infeliz diría,
me ha enseñado tanto
y todo es raro
todavía…

El calor de tu equinoccio

Quiero desvanecerme
mientras el calor de tus besos
recorre mi cuerpo...
Mientras la locura de tus manos
sujetan con atrevido deseo
cada pedazo de mi piel.

Y estamos tan lejos...
   —distantes—,
y toda la tierra
me habla de olvido.
Pero yo te quiero aquí,
y te quiero ahora
y no te pretendo olvidar.

Quiero descubrir tu piel vibrante
quemando mis neuronas.
¡Sentir toda intensidad!

Abandona tus islas tropicales y bellas,
piérdete en la selva de mis caderas,
en la jungla de mis brazos y mis piernas.
Embriágate entre las gotas de rocío
que verterá por ti toda mi piel...

Ven aquí y descúbreme ahora,
en los rincones estes del norte,
donde el frío cala los huesos,
pero sólo tus besos
perforan mi piel.

Ven, ven conmigo,
y cuéntame despacito al oído
cuánto me has extrañado,
cuánto me has querido.

Deja que la locura de tus manos
busque, otra vez,
con atrevido deseo
cada pedazo de mi piel…

Confundiendo neuronas

Me miras y me dices
con la claridad verde
de tus ojos:
"Recordar
no es otra cosa
que estropear memorias".

Y tu voz, como aguja,
va suturando mi pecho.
¡Sí, es cierto!
Recordar algo
no es más
que sacarle una copia
a otra copia.

Es ir borrando bordes,
mezclando formas,
aumentando distancias,
confundiendo neuronas.

Las notas de un violín

Millones de universos
se estrellan contra el suelo
y la sonrisa de un pelícano
se estremece con las notas
que se escapan de un violín.

Afuera el viento es furia
que mece botes fantasmas,
danza con las palmas
y arrebata las arenas.

La lluvia sigue cayendo,
bajándose el cielo
y el ave continua oyendo
la bella música
sin importarle
que la tempestad
quiera arrancarlo todo
y devorarlo una vez más.

Adentro la melodía es calma
que acaricia las ventanas
y combate la ansiedad…

AUTUMN

El otoño cayendo sobre mí
con sus colores…
Es una sensación inmensa:
I n f i n i t a
De libertad, de purificación,
de magia intensa.
—Mata depresiones—,
da vida.

La joya más extraña

Me encuentro con una pulsera
de esmeraldas
que no me cierra,
una cadena de plata —desbaratada—,
y el azul ingenuo
de un zafiro
que se confunde con la mañana.

Las perlas
que fueron de mi abuela
palidecen
junto a un rubí escarlata,
y hay un broche de oro blanco
con infinitas ramas.

Un par de aretes,
una esclava de platino,
y el brillo de un diamante
inunda mi mirada,
(mil recuerdos me estremecen,
mil recuerdos como dagas)
es del anillo que llevé
cuando estuve enamorada.

En el fondo de la caja
me encuentro con más cosas,

hay un colgante
en forma de ancla
y otros de corazones,
                    cruces,
                            tréboles
                                y arpas.

Un reloj de *Van Cleef & Arpels*
y dos cadenas con medallas,
también un broche antiguo
de delicado nácar...

Y finalmente
asoma entre todas estas cosas
una bella carta,
mi joya más querida
la joya más extraña...

Arrullo de colores y retinas

Me alucino libre
de tus memorias,
me alucino
más allá de la carne,
más allá de lo místico
y soy tibia primavera,
avalancha de emociones,
me convierto en foto,
eco de una voz que nunca calla.
Un arrullo de colores
y retinas…

Le pongo punto aparte
a nuestras vidas.

Volver a la isla

Puedo resucitar la isla,
traerla a mi memoria;
raíces por debajo del agua
crecen como manos cubiertas
de anillos de esmeraldas.

Recuerdo el papel crepé,
turquesa y delicado de sus aguas,
y pececillos de colores
nadando concupiscentes
hasta orillas templadas.

Manglares abriéndose paso
entre las olas…
En sus copas de racimos verdes
como tulipanes de algodón
se posan garzas
y gaviotas.

Quiero volver a la isla
donde la gente se ama en sus playas,
no sobre la arena tibia y placentera
sino entre la cadencia de mareas cálidas.

Donde hay tulipanes que vuelan
alargando y emancipando sus alas,

cortando el calor del aire
con ternuras geométricas
y proezas extrañas.

CATACLISMOS

Es inútil creer
que uno puede
contra el tiempo

Hay dioses que
se levantan con jaqueca
y el día que llega esa resaca
la tierra tiembla

Pedazos de destellos
atraviesan entonces
el ruiseñor del pecho

Las mareas se evaporan
y ángeles misericordiosos
se llevan nuestros muertos…

De los que no pueden amar

Te regalaré el camino de mis sombras,
de mis huellas andadas con temor.
Mis besos están vedados para tu boca.
¡No es justo que profeses amor!

Porque si escribo para ti mis sentimientos
en versos se plasmaría la pasión,
ardientes venas cuando me miras,
enardeciste el recato, mi pudor.

Mis caricias están prohibidas para tu cuerpo,
no me sigas buscando más...
Conoces la promesa de los vientos,
quedémonos solos con la infelicidad...

Ya no puedo cantarte mis afectos,
la boca trémula de vergüenza está,
no hay más descaro que mirarte a los ojos,
y morderme los labios para no llorar.

n

Mil corredores con mil puertas,
todas idénticas,
todas las mismas...
Con pasadizos largos e interminables...

Mil pasos recorriendo los pisos,
con mil ecos tras cada paso,
¡Monotonía eterna!

Mañana será otro día

Hoy está bien
permitir que las tormentas
se hagan grandes,
dejarnos llevar por las corrientes
sin críticas, ni remordimientos;
permitirnos cerrar los ojos
aunque el sol
esté brillando intenso.

Hoy no consentiremos
que la regla que mide a todos
nos apalee…
Buscaremos nuevas estrategias,
el fuego vive dentro de nosotros,
necesitamos sólo un descanso
para avivar la llama.
            Mañana será otro día.

CIELO TINTO

Estoy detrás de unos cristales oscuros,
y el horizonte es irremediablemente discontinuo,
veo un mar de luces por los cerros
hasta mezclarse con el cielo tinto…

No hay estrellas, ni luna, ni nubes,
sólo el silencio de un negro abismo,
¿es esta noche distante, eterna,
la bóveda de lo infinito?

Y yo la contemplo ahora,
¿será mañana un cielo distinto?
¿Habrá acaso un río de estrellas
y una luna de mármol fino?

BAJO EL FILAMENTO DE AMNESIA

¿Cómo es que se le olvidó
      a mi mano
cómo se escribe tu nombre?

Bajo el filamento de amnesia
la memoria vibra…

No quiero que me gane la pena,
quiero fluir en ausencia de palabras
      entre letras inventadas,
que tengamos un pacto
      para recordarnos siempre…

Aquello que ya no está

Estoy sentada y disfrazo mi melancolía,
bajo miles de rostros puedo estar
y el silencio en dementes gritos:
"Nadie te quiere, nadie te odia,
pero todos te llevan en la memoria".

Pasos sobre la arena húmeda...

¿Y mis recuerdos dónde están?
Los estuve buscando entre escombros;
los escuché susurrando mil veces:
"devuélvannos la libertad".

¿Dónde, dónde están la cosas,
aquellas que te guardan y te botan?
Por qué no hay rastros de miradas,
ni conflictos, ni payasadas,
sólo vestigios, restos burdos
de aquello que ya no está.

Estoy sentada,
la melancolía me abandona.
Bajo mil rostros quiero estar,
pero sólo tengo uno, siempre el mismo,
el que sonríe o puede llorar...

ENTRE ESTA TINTA

Me quedo aquí
porque allá no hay nada,
me quedo entre esta tinta
que se escurre con mis lágrimas.

paUsa

Me excluyes esporádicamente de tu vida
—me pones pausa—,
desconectas mi sonrisa de tu memoria
y es terrible el dolor que causas.

¿No sé en qué momento te convertiste en mi Adán?
(¡Hecha a la medida de tu costilla!)
Ni desde cuándo comencé a hacerte parte
de todos mis sueños.
Tampoco sé por qué considero
que eres antídoto de todo veneno.

¡No quiero que me toques con manos de hielo!
            Intercadencia… Lo único que de ti espero.

                        —Y me pones pausa—.
Me estoy ahogando en mi propia vida,
perdiendo toda calma…

Está claro ya,
hace rato no hay paraíso en nuestra historia,
te desvaneces de todos mis sueños
            y en vez de ser el antídoto
                        eres el veneno.

¡No, no soy tu Eva!

> …Yo no he comido de la fruta prohibida.

Yo soy sólo una tonta
que ha perdonado tus "equivocaciones",
que se muere de rabia y se consume pensando
por qué vives cambiando corazones.

¡Y no sé de dónde
pero de repente he encontrado todas las fuerzas!
Sé que soy yo
quien te sacará para siempre de mi vida…

> ¡PaUsa Eterna!

Intrusa espuma

Olas blancas
van asolando mi cabeza,
ellas se llevan
las caracolas de infancia,
rocas y estrellas...

Avalanchas de nieve...
nefasta negligencia,
dejar morir la memoria,
sepultar en el olvido
alegrías y penas.

MAR DEL TIEMPO

El perfume del sol
trae consigo
naufragio de crepúsculos
y dibuja a la distancia
la anatomía de un olvido.

Olas golpeándose contra las rocas,
formas que se confunden;
fragilidad de notas.

Augurios vienen del mar
entre cantos de sirenas…
nos esperan nuevos días,
nos esperan nuevas penas…

A veces podemos clavarnos
en el mar del tiempo;
bucear entre arrecifes
rescatando reminiscencias
que perdidas se creían.

Felicidad plena

Como un pez de barro
que al mojarse
escapa las sombras,
quiero llenarme de ti
en tardes de lisonjas.

Que las constelaciones
memoricen nuestros gemidos
y de mis senos peninsulares
cuelgue la sonrisa de un niño.

Es verdad que siempre
encontraremos primaveras.
Alas tibias surcando el espacio…
              …Felicidad plena.

Epicúrea en destrucción

Mis pupilas se convierten
en largos y densos túneles
que me llevan hasta memorias,
espejismos de sentidos.

No me reconozco
y soy la misma.
Sombra de una melodía…
Epicúrea en destrucción.

Disímiles en infancia

Recuerdo el dulce
de caramelos en mi boca
que coleccionaba
en las fiestas;
recuerdas las gotas
de sudor
mezclándose
con el polvo
de tus vértebras.

COLAPSO

Ayer tuve un derrame cerebral
pero no le di importancia.

Ahora sé lo terrible que es
no poder sonarse la nariz solo,
que alguien más te bañe…

Fue un colapso;
mis ojos,
bolsitas de té
que alguien más se bebe
buscan descanso.

Me entierro en arena de planetas
sin formas redondas,
esperando que alguien me saque.

Parezco muñeca de trapo,
abandonada en orillas
de valles anclados a cordilleras
donde me espían extraños.

Estaciones de Afrodita

Siento primaveras en el cuerpo
y no estoy segura si lo estoy soñando todo,
¿pues cuántas veces te imaginé así,
paralelo a mis tejidos?

Y ahora estás aquí
haciendo tuyo,
lo que es tan mío…

Y me da miedo
pensar que nuestro beso
es tangible ahora;
que nuestro placer
es tan real ahora,
que no habrá más misterios
para tu mente durante el día…

Siento como el verano
de tu pasión me invade,
como un calor irrefutable
se proyecta hasta mi vientre.
No me lo imaginé así:
Tan fugaz, tan egoísta.

Es tarde.
Es tarde ahora…

Mi piel se ha robado por tus poros
las probabilidades de mil sueños,
y tus labios han extraído de mi sudor
la amalgama de deseos…

Al desprendernos
veo las hojas
de mil historias platónicas
marchitarse entre susurros.

Es invierno ahora,
—ya ni siquiera me miras—.
Probaste todo de mí,
erosionaste la tierra
donde me imaginé
infinitamente Afrodita...

Cavándole tumba a los recuerdos

La explosión de los proverbios es inminente,
nos dividiremos en mil pedazos,
diminutas lluvias de universos paralelos
caerán sobre nuestros labios.

Y cuando busquemos dónde reposan
el resto de palabras y los huesos,
lo más probable es que encontremos
mentiras cavándole tumba
a los recuerdos…

Confusión de escape

Hay balas que disparan las nubes
por todos lados...
            A veces sólo entendemos
                        lo que nos interesa.

Descubrí que me gusta
lo que no debería gustarme.
Murmuran con pulmón en labio
                        que he pecado...

Saben que los veo
pero siguen contemplándome;
            el tiempo pasa
                        aunque esté encallado.

Sé que me siguen viendo...
¡Nos criticamos ambos!

En esta confusión de escape
necesito saber quién soy,
que podré contar con alguien.

SU VOZ ME ALCANZA

Me mira con ojos cadavéricos,
la piel pegada al hueso.
No sabe quién soy…
—Aflicción, desapego—.

"Puedo cantarte una canción",
le digo sonriendo,
y entonces su voz me alcanza.

Por fin el abanico de sus pestañas brilla,
            ahora recuerda quien soy
                …quienes fuimos.

La música continúa…
por minutos la recupero.

                (Después ni siquiera
                le quedará este recuerdo…)

Sinfonías en el aire

¿Cómo se hace
para dejar de pensar en alguien?
¿Cómo se hace
para ayudar a un pájaro ciego
a coreografiar sinfonías en el aire?

Autopsia en reversa

Veo mi piel tendida sobre una piedra,
hileras de tendones, músculos y fibra
reposan junto a torres de huesos y cartílagos
que suplicantes y desconcertados me miran…

Los pedazos que me hacen
están esperándome en silencio;
los sesos, la órbita de los ojos,
la comisura de los labios, los recuerdos…

Todo yace sobre una superficie amplia, estéril,
y tengo que zurcirme a mí misma,
practicar esta autopsia en reversa,
entender por qué estoy viva.

¿Qué pasa si equivoco el orden,
si enredo conexiones de órganos y arterias,
si estropeo el rompecabezas de neuronas y tejidos?
¿Es acaso esta una prueba
de cuánto me conozco,
de qué tan humana he sido?

Peso angular

Pasó la primavera,
sólo cenizas quedan,
y el vértice de las memorias
no logra contener
el peso angular de estos átomos
que se quieren escapar
como potros salvajes de un corral
que con relinchos despiertan al sol.

Átomos que nos conectan a todo,
nos hacen parte de todo,
son reflejo de todo…
Pero quieren escapar,
se cansaron de ser corral,
de ser caballo, de ser humano,
de ser espejo, de ser memoria,
de ser vértice, de ser átomo.

Simplemente
quieren engañar al tiempo,
huir para siempre de él.
Dejar de ser,
lo que siempre fueron.

Biografía de la autora

Daisy Novoa Vásquez es una escritora chilena-ecuatoriana. Emigró a los Estados Unidos en el 2002. Desde entonces ha vivido en varias ciudades del país y trabajado para empresas de medios de comunicación y publicidad. Estudió la universidad en los Estados Unidos y Corea del Sur. Ha viajado extensamente por Norte América, Europa, Asia y Latinoamérica. En la actualidad es consultora de medios multiculturales, contribuye para el periódico hispano El Planeta de Boston, para algunos portales en línea y está escribiendo una colección de cuentos cortos.

www.ingramcontent.com/pod-product-compliance
Lightning Source LLC
Chambersburg PA
CBHW021148090426
42740CB00008B/1003